BEI GRIN MACHT SICH IHR WISSEN BEZAHLT

- Wir veröffentlichen Ihre Hausarbeit, Bachelor- und Masterarbeit

- Ihr eigenes eBook und Buch - weltweit in allen wichtigen Shops

- Verdienen Sie an jedem Verkauf

Jetzt bei www.GRIN.com hochladen und kostenlos publizieren

Annika Westphal

Die Bedeutung des Vaters für die kindliche Entwicklung

GRIN Verlag

Bibliografische Information der Deutschen Nationalbibliothek:

Die Deutsche Bibliothek verzeichnet diese Publikation in der Deutschen National-
bibliografie; detaillierte bibliografische Daten sind im Internet über http://dnb.d-
nb.de/ abrufbar.

Impressum:

Copyright © 2007 GRIN Verlag GmbH
Druck und Bindung: Books on Demand GmbH, Norderstedt Germany
ISBN: 978-3-640-26416-2

Dieses Buch bei GRIN:

http://www.grin.com/de/e-book/122046/die-bedeutung-des-vaters-fuer-die-kindliche-
entwicklung

Fachbereich Psychologie

Hauptseminar Pädagogische Psychologie

„Männliche Schüler begleiten und fördern"

WS 07/08

Schriftliche Ausarbeitung der Präsentation zur Sitzung vom 29.10.2007

Thema: *Die Bedeutung des Vaters für die kindliche Entwicklung*

Vorgelegt von:

Annika Westphal

Erziehungswissenschaft (Diplom)

Inhaltsverzeichnis

1. Einleitung

Die folgende Arbeit stellt eine Ausarbeitung des Referatthemas „Die Bedeutung des Vaters für die kindliche Entwicklung" im Rahmen des Hauptseminars „Männliche Schüler unterstützen und fördern" dar.

In der Entwicklungspsychologie wurde die Bedeutung des Vaters für die Entstehung von kindlichen psychischen Störungen lange nicht berücksichtigt und auch in den Humanwissenschaften unterschätzt oder gar verleugnet. Die Mutter galt nach herkömmlicher Auffassung für Babys und Kleinkinder stets als das alles überragende Wesen. Wogegen der Vater erst viel später als „Retter" in Erscheinung tritt, um das Kind aus der mütterlichen Umgarnung zu „befreien" und ihm dann schließlich die Außenwelt repräsentiert.[1]

In meiner Arbeit beginne ich zunächst mit einer Darstellung der Veränderung des väterlichen Rollenmodells im Zuge des gesellschaftlichen Wandels. Daran schließen sich Ausführungen über die Bedeutung des Vaters für die kindliche Entwicklung im Allgemeinen. In differenzierter Weise gehe ich dann auf die Bedeutung des Vaters ein im Zusammenhang mit einer normalen kindlichen Entwicklung und einer gestörten kindlichen Entwicklung. Im darauf folgenden Teil werde ich die Relevanz von Vaterlosigkeit für die psychische Entwicklung eines Kindes näher erläutern.

2. Hauptteil

2.1 Vater-Kind-Beziehung im gesellschaftlichen Wandel

In den letzten 20 Jahren hat sich nach Laucht im Zusammenhang mit den gesellschaftlichen Veränderungen familiärer Lebensformen auch die Rolle der Väter tiefgreifend verändert. Von den Vätern werde heute erwartet, dass diese immer mehr auch die Aufgaben der Betreuung und Versorgung der Kinder übernehmen. So werden die beruflichen und familiären Aufgaben in der Partnerschaft heutzutage zunehmend geteilt.[2] Die so genannten „neuen" Väter beteiligen sich aktiv an der Betreuung und Erziehung der Kinder. Busch zufolge finden sie dies wichtig und erleben es als bereichernd und erfüllend.[3]

Das tatsächliche Verhalten der Väter entspricht aber häufig nicht den Erwartungen, die an sie gerichtet werden. Noch immer verbringen Väter Lamb zufolge deutlich weniger Zeit mit ihren Kindern als Mütter. Die Aufgabenverteilung bezüglich des Kindes sei in vielen Fällen noch so gelagert, dass die Mutter für die Pflege, den Schutz, die Beaufsichtigung und die Betreuung

---

[1] vgl. Aigner (2005)
[2] vgl. Laucht (2003)
[3] vgl. Busch et al. (1988)

der Kinder zuständig ist, während der Vater eher die spielerischen Aktivitäten übernehme.[4] Die veränderte Vaterrolle, wozu auch die Übernahme von Betreuungsaktivitäten zählt, zeigt sich laut Bacher & Wilk primär in den ersten Lebensjahren des erstgeborenen Kindes. Ab der Zweitvaterschaft oder mit steigendem Alter des ersten Kindes nähmen die Betreuungsaktivitäten der Väter wieder ab.[5]

Zusammenfassend lässt sich sagen, dass Väter heute zwar viel präsenter sind in der Erziehung als früher, aber häufig nur als „Mithelfer" fungieren und sich davor scheuen, die alleinige Verantwortung für das Kind zu übernehmen. Aus Statistiken und unterschiedlichen Erhebungen geht hervor, dass die jetzige Vatergeneration ein neues Verständnis von Vaterschaft hat. Dies zeigt sich z.B. darin, dass der Anteil der Väter, welche bei der Geburt ihres Kindes dabei sind auf 90% angestiegen ist. Auch hat Laucht zufolge die Erziehungsbeteiligung der Väter um 30% und deren Verfügbarkeit um die Hälfte zugenommen.[6]

2.2 Die Bedeutung des Vaters für die kindliche Entwicklung

Die Bedeutung des Vaters für die kindliche Entwicklung wurde lange Zeit unterschätzt, wogegen der Rolle der Mutter stets eine große Bedeutung beigemessen wurde. Früher war es nach Laucht in gesellschaftlichen Traditionen so verwurzelt, dass die Mutter als alleinige Erziehungs- und Betreuungsperson galt und sie sozusagen die Repräsentantin der Elternschaft war. Sie galt als die „primäre" Bezugsperson und erst seit ein paar Jahren wird nun auch die Rolle des Vaters für die kindliche Entwicklung berücksichtigt.[7] Vorher spielte der Vater nur im Zusammenhang mit dem Ödipuskomplex eine wichtige Rolle, d.h. an der Stelle, wo der Sohn im Ablösungsprozess von der Mutter mit ihm um diese rivalisiert, seine Unterlegenheit bemerkt und zur Auflösung des Konflikts schließlich die Identifizierung mit dem Vater erfolgt.

Eine Reihe von Untersuchungen (Korrelationsstudien) haben sich mit der Frage beschäftigt, wie Väter die Entwicklung ihrer Kinder beeinflussen und ob es einen Unterschied zwischen dem mütterlichen und dem väterlichen Einfluss gibt. Die Forschungsergebnisse haben gezeigt, dass dem Vater gerade bei der Entwicklung der kognitiven Fähigkeiten des Kindes eine besondere Bedeutung zukommt, das gilt insbesondere für Jungen im Bereich schulischer

---

[4] vgl. Lamb (1997)
[5] vgl. Bacher/ Wilk (2000)
[6] vgl. Laucht (2003)
[7] vgl. ebd.

Leistungen. Dieses Areal sei sehr stark von Merkmalen der Vater-Kind-Beziehung geprägt.[8] Daneben hätten die Väter in der häuslichen Umgebung auch einen großen Einfluss auf die sozial-emotionale Entwicklung ihrer Söhne. In retrospektiven Studien wurde ein Vergleich von Jugendlichen mit guter und schlechter sozialer Anpassung hinsichtlich der familiären Situation angestellt. In den Studien kam man zu dem Ergebnis, dass eine gelungene Anpassung, emotionale Stabilität und eine hohe soziale Kompetenz eines männlichen Jugendlichen mit einem hohen väterlichen Engagement in den ersten Lebensjahren bei der Erziehung und Versorgung einhergeht. Dagegen fand man nachhaltig negative Auswirkungen auf die Entwicklung der Persönlichkeit vor allem dort, wo ein fürsorglicher Vater nicht ausreichend verfügbar war.[9]

2.2.1 Vater-Kind-Beziehung und normale Entwicklung

Wie bereits im obigen Abschnitt erwähnt galt lange Zeit die Mutter als primäre Bezugsperson und als Repräsentantin der Elternschaft und die Rolle des Vaters fand wenig Berücksichtigung bei Untersuchungen über die kindliche Entwicklung. Die Vaterforschung in den 70er und 80er Jahren hat sich die Frage gestellt, ob Väter sich genauso gut wie die Mütter für die Pflege und Erziehung der Kinder eignen. Die Forschungsergebnisse lieferten einen Beweis dafür, dass sowohl Mütter als auch Väter über viele ähnliche Fähigkeiten und Kompetenzen verfügen, diese Aufgabe zu bewältigen und laut Fthenakis Väter diese Kompetenzen auch anwenden, wenn sie dazu die Gelegenheit bekommen.[10]

Dennoch erfüllen Väter gegenüber den Müttern diese Aufgabe in unserem Kulturkreis in unterschiedlichem Maße und auf unterschiedliche Art und Weise. So verbringen die Väter Laucht zufolge in traditionellen Familien deutlich weniger Zeit, etwa 50% weniger als die [11]Betreuungszeit der Mütter, mit ihren Kindern als in anderen Familien.[12] Traditionell meint hier diejenige Rollenverteilung, bei welcher der Frau die Zuständigkeit für den Haushalt und die Erziehung der Kinder zukommt und der Mann die Rolle des „Ernährers" einnimmt, also allein einer Erwerbstätigkeit nachgeht, um die Familie zu „ernähren".

Neuere Studien unterscheiden beim zeitlichen Umfang der väterlichen Erziehungsbeteiligung laut Pleck zwischen *Engagement*, also direkter Interaktion, *Verfügbarkeit*, was in diesem

---

[8] vgl. Laucht (2003)
[9] vgl. ebd.
[10] vgl. Fthenakis (1984)
[11] vgl. Lamb et al. (1988)
[12] vgl. Laucht

Zusammenhang als bloßes Dabeisein verstanden werden soll und *Verantwortlichkeit*, womit die Übernahme der alleinigen Verantwortung für das Kind gemeint ist.[13]
Diesen Studien zufolge zeigen Väter zwar eine hohe Verfügbarkeit, aber wenig Engagement. Sie vermeiden häufig die Übernahme der alleinigen Verantwortung für das Kind. Nach Lamb et al. ist die ausschließliche Betreuung der Kinder durch den Vater am Wochenende in Familien, wo entweder beide Elternteile berufstätig sind oder auch nur der Vater einer Erwerbstätigkeit nachgeht immer noch eine Ausnahme. Die Unterschiedlichkeit zwischen Müttern und Vätern zeigt sich aber nicht nur im Hinblick auf das Ausmaß an direkter Interaktion, sondern auch darin, in welchen Bereichen sich die Elternteile jeweils engagieren. Bei Müttern, so Schmidt-Denter, stehen vor allem die Pflege-, Schutz-, Beaufsichtigungs- und Betreuungsfunktionen im Fokus der erzieherischen Aufgaben, während sich die Väter eher den spielerischen und sportlichen Aktivitäten mit dem Kind zuwenden.[14]
Schließlich hängt Fthenakis zufolge das väterliche Engagement im Vergleich zur Mutter von verschiedenen Faktoren ab. Hier spielt zum einen das Alter des Kindes eine entscheidende Rolle: die Beteiligung der Väter ist am stärksten bei kleinen Kindern und Kindern im Schulalter. Zum anderen ist auch das Geschlecht des Kindes von Bedeutung: Väter haben häufig eine engere Beziehung zu ihren Söhnen und verhalten sich ihnen gegenüber fürsorglicher und unterstützender, als gegenüber ihren Töchtern. Ein weiterer Faktor, der das väterliche Engagement beeinflusst ist das Bildungsniveau des Vaters. So zeigen gebildete Väter häufig ein stärker[15]es Engagement, besonders bei der Förderung intellektueller Fähigkeiten ihrer Söhne. Nicht zuletzt hat auch die Qualität der Paarbeziehung Auswirkungen auf das Engagement der Väter, denn Väter, die ihre Beziehung als positiv erleben, beteiligen sich laut Fthenakis stärker an der Kinderbetreuung.

2.2.2 Vater-Kind-Beziehung und gestörte Entwicklung des Kindes

Im Vergleich zur Vaterforschung in Bezug auf die normale Entwicklung des Kindes stehen die Untersuchungen über die Rolle des Vaters bei kindlichen Psychopathologien noch ganz am Anfang. Laut Phares und Compas findet in der Forschung kaum eine Auseinandersetzung über die Rolle der Väter bei der Entstehung von psychischen Störungen in der Kindheit statt. Bei den Vorstellungen über die Verlaufsbedingungen und die Entwicklungsgeschichte von psychischen Auffälligkeiten bei Kindern und Jugendlichen stehen immer noch die Merkmale,

---

[13] vgl. Pleck (1997)
[14] vgl. Schmidt-Denter (1984)
[15] vgl. Fthenakis (1999)

das Verhalten und die Psychopathologie der Mutter stark im Vordergrund.[16] Als Beispiel führt Laucht die postpartale Depression der Mutter und deren Auswirkungen auf die kindliche Entwicklung an, welches in der Literatur ein viel beschriebenes Thema darstellt, wogegen der väterliche Alkoholismus und seine Auswirkungen auf die kindliche Entwicklung als Untersuchungsgegenstand deutlich weniger vertreten ist. Dies erwecke den Eindruck, als seien vor allem die Mütter für die Entwicklung von psychischen Störungen der Kinder verantwortlich.[17] Diese Sichtweise führte zu heftiger Kritik und gab in der Folge den Anlass, die Bedeutung des väterlichen Rollenmodells in diesem Zusammenhang näher zu untersuchen. Um der Frage auf den Grund zu gehen wie und in welchem Maße die Väter eine Rolle für die Psychopathologie ihrer Kinder spielen wurden drei verschiedene Untersuchungsmethoden angewendet. Bei der Top-Down-Methode wurde die Entwicklung von Kindern untersucht, deren Väter eine psychische Störung haben oder in anderer Art und Weise wie z.B. durch sexuellen Missbrauch ein auffälliges Elternverhalten zeigen. In der Bottom-Up-Methode wurden Väter von Kindern mit psychischen Auffälligkeiten näher betrachtet. Dabei wurden Kinder auffälliger Väter oder Väter auffälliger Kinder einer unauffälligen Vergleichsgruppe gegenübergestellt. Mit Hilfe der dritten Methode wurden aus epidemiologischen Stichproben Auffälligkeiten von Vätern und ihren Kindern korrelativ zueinander in Relation gesetzt.[18]

Phares und Compas kommen nach einer umfangreichen Literaturübersicht zu dem Schluss, dass Vätern eine bedeutsame Rolle beim Auftreten von kindlichen psychischen Störungen zukommt.[19]

So finden sich in der Literatur Zusammenhänge zwischen Verhaltensweisen, Persönlichkeitsmerkmalen und psychischen Störungen des Vaters und dem Auftreten von externalisierenden Störungen beim Sohn wie Hyperaktivität, Aggressivität, delinquentes und antisoziales Verhalten. Des Weiteren gibt es nach Laucht auch Zusammenhänge zu internalisierenden Störungen wie Ängstlichkeit und Depressivität, wobei der Vater primär bei der Entstehung von externalisierenden Störungen eine Rolle spielt. Alberts-Corush et al. zufolge trifft dies besonders bei aggressivem, oppositionellem und delinquentem Verhalten männlicher Jugendlicher zu.[20] Lahey et al. kamen in ihren Studien zu dem Schluss, dass es eine enge Verbindung zwischen dem antisozialen Verhalten des Vaters und einem gestörten Sozialverhalten des Sohnes gibt. Rothenbaum und Weisz widerlegten in ihrer Metaanalyse

---

[16] vgl. Phares und Compas (1992)
[17] vgl. Laucht (2003)
[18] vgl. Laucht (2003)
[19] vgl. Phares und Compas (1992)
[20] vgl. Alberts-Corush (1986)

von 15 Studien dieses Ergebnis und fanden heraus, dass das Verhalten der Mütter im Zusammenhang beim Auftreten aggressiver Verhaltensprobleme weitaus bedeutsamer ist. Nach Phares und Compas sind die negativen Auswirkungen psychischer Störungen des Vaters nicht auf bestimmte Störungsformen begrenzt. Genauso wenig hänge die Art des Störungsbildes des Kindes von der väterlichen Symptomatik ab. Es sei aber festzuhalten, dass Kinder aus suchtbelasteten Familien ein viel höheres Risiko haben, eine psychische Störung zu entwickeln als Kinder, die aus einem gesunden sozialen Umfeld kommen. Gerade Söhne hätten dann ein erhöhtes Risiko, selbst alkoholabhängig zu werden.[21]

Bezüglich des Zusammenhangs zwischen väterlichen und kindlichen Psychopathologien konnten folgende zugrunde liegende Mechanismen eruiert werden: Man geht davon aus, dass es für zahlreiche psychische Störungen wie z.B. ADHD, Depression oder antisoziale Persönlichkeit eine genetische Prädisposition gibt, die in der Generationenfolge übertragen werden kann.[22] Des Weiteren geht man davon aus, dass die dyadische Interaktion zwischen Elternteil und Kind eine entscheidende Rolle spielt beim Auftreten von kindlichen psychischen Störungen. So können sich individuelle Merkmale von Vater und Kind direkt in der Interaktion niederschlagen und auf diese Weise die Entwicklung des Kindes beeinflussen. Darüber hinaus werden in der Literatur die Bedeutsamkeit der elterlichen Erziehungsbeteiligung und -kompetenzen angeführt. Die Übernahme elterlicher Funktionen und die Verfügbarkeit der Eltern beeinflussen die Gestaltung der kindlichen Umwelt und die Beziehung zur kindlichen Entwicklung. Schließlich werden familiäre Stressfaktoren angeführt, die verantwortlich sein können für die Entstehung von kindlichen Psychopathologien. Nach Fthenakis und Rutter gehen psychische Störungen der Eltern und ein geringes elterliches Engagement häufig mit anderen belastenden Faktoren wie einer gestörten Paarbeziehung, mangelnder soziale Unterstützung, sozialer Isolation und eingeschränkte finanzielle Mittel einher.[23]

Zusammenfassend lässt sich sagen, dass die Auswirkungen der Vater-Kind-Beziehung und die Auswirkung der Mutter-Kind-Beziehung auf die Entwicklung von psychischen Störungen des Kindes in etwa vergleichbar sind. Leidet der männliche oder weibliche Elternteil an einer Depression, führt dies häufig zu Anpassungsproblemen beim Kind. Auch reagiert das Kind auf Ablehnung durch den Vater oder die Mutter mit häufigem Lügen im Schulalter. Ebenso vergleichbar sind die Auswirkungen von aggressivem Verhalten des Vaters oder der Mutter

---

[21] vgl. Phares und Compas (1992)
[22] vgl. Rutter et al. (1997)
[23] vgl. Fthenakis (1984), Rutter (1990)

8

auf das Kind. In beiden Fällen führt dies beim Kind zu aggressivem und delinquentem Verhalten.[24]

2.2.3 Auswirkungen von Vaterlosigkeit auf die kindliche Entwicklung

Auf der gesellschaftlichen und kulturellen Ebene betrachtet ist das Thema der Vaterentbehrung kein neues, so Aigner. Der Untergang des Kaiserreiches, wobei der Kaiser eine Vaterfigur repräsentiert, der das Volk lenkt und zu dem dieses aufschaut und das Vatersterben bedingt durch die beiden Weltkriege zeigen die Bedeutsamkeit von Vaterlosigkeit für diese Generationen. Viele Kinder sind nach dem Krieg ohne ihren Vater aufgewachsen und ganzen Generationen wurde mit dem Untergang des Kaiserreiches eine Halt gebende, glaubwürdige und starke Führungsfigur genommen, die Orientierung bot.[25] Darüber hinaus fehlen laut Aigner auch im Zeitalter des fortgeschrittenen Kapitalismus zunehmend Repräsentanten, also Persönlichkeiten, die im moralischen wie auch im sachlichen Bereich eine Autorität besitzen. Die Vaterentbehrung spiegle sich demnach auch im gesamtgesellschaftlichen Kontext wider. Der gesellschaftliche und technologische Fortschritt der Industriestaaten ließe ‚Autorität' und ‚die Weisheit der Älteren' überflüssig erscheinen. Stattdessen sei der ideale und produktivste Arbeitnehmer heutzutage der kinderlose Singlemann, welcher keinen familiären Verpflichtungen unterworfen ist.[26]

Laut Aigner wird die Entwicklung dessen, was Freud das ‚Über-Ich' nennt, also die Gewissensinstanz durch das Fehlen von Vaterfiguren, stark beeinflusst. Das bedeutet konkret, dass die Übernahme von Verboten, Normen, und Geboten erschwert oder sogar verhindert wird. Aigner begründet dies so, dass der Sohn im Normalfall bei der Lösung des Ödipuskonflikts die Erkenntnis gewinnt, dass er dem Vater unterlegen ist und in der Folge die Rivalität aufgibt und sich mit seinem Vater identifiziert, also werden möchte wie er. Fehlt der Vater, findet der Prozess häufig nicht statt und die Instanz der Gewissensbildung bleibt relativ leer, bis sie mit nicht mehr persönlich getragenen und repräsentierten Inhalten gefüllt wird. In der Folge sucht der Adoleszente außerhalb der Familie nach Vorbildern und Heldenfiguren. Es besteht dabei die Gefahr, dass er eine völlig außengelenkte Persönlichkeit wird, sich stark an Religionen oder Ideologien orientiert und darin Halt sucht. Als Beispiel führt Aigner den Rechtsextremismus an, eine Ideologie, der sich häufig männliche Jugendliche anschließen, wenn ihnen eine Vaterfigur fehlt, die Halt und Orientierung bietet.[27]

---

[24] vgl. Laucht (2003)
[25] vgl. Aigner (2005)
[26] vgl. ebd.
[27] vgl. ebd.

Eine weitere Folge, die sich ergibt, wenn das Über-Ich als Gewissensinstanz keine Orientierung mehr bietet und Entsagung und Verzicht nicht kennt, die man für einige Ziele zwangsläufig auf sich nehmen muss, ist, dass bei diesen männlichen Jugendlichen häufig eine erhöhte Gewaltbereitschaft besteht und eine Neigung zu aggressiv delinquentem Verhalten, um Ziele durchzusetzen. Oft zeigen gerade diese männlichen Jugendlichen in Peergroups ein Verhalten, in welchem sie ihr verunsichertes Selbst vollkommen aufblähen, da das Über-Ich keinen Halt gibt. Darüber hinaus neigen sie dazu, alle Ängste auf andere zu projizieren und die schuld an ihrer eigenen Unsicherheit bei den Mitmenschen zu suchen.[28]

Abschließend sei noch erwähnt, dass in einigen Fällen z.B. bei Alkoholismus oder Gewalttätigkeit des Vaters, sich dessen Abwesenheit natürlich auch durchaus positiv auf die Entwicklung des Sohnes auswirken kann.

3. Fazit

Laucht zufolge liefert die Vaterforschung erste Hinweise dafür, dass die Berücksichtigung des väterlichen Rollenmodells einen wichtigen Beitrag zum Verständnis der Entstehungsbedingungen von kindlichen Psychopathologien leisten kann. Dennoch bleiben nach Laucht bis heute eine Reihe von Fragen ungeklärt. So sind z.B. viele Studien so konzeptioniert, dass eine klare Trennung zwischen mütterlichen und väterlichen Merkmalen unmöglich ist, was aber notwendig ist, um die Bedeutung des väterlichen Beitrags bei der Entstehung von kindlichen psychischen Störungen klar herauszustellen und um die Umstände aufzuklären, unter denen väterliche und mütterliche Faktoren gleiche oder verschiedene Auswirkungen haben.[29]

Zusammenfassend kann man nach dem heutigen Forschungsstand sagen, dass Mütter und Väter in ähnlicher Weise Einfluss auf die psychische Entwicklung ihrer Kinder nehmen. Die Ähnlichkeiten zwischen den Elternteilen überwiegen die Unterschiede. Der Einfluss der Eltern auf die Entwicklung kindlicher Psychopathologien basiert vor allem auf Merkmalen des jeweiligen Elternteils selbst und weniger auf geschlechtsspezifischen Merkmalen der Mütter oder Väter. Grundlegend und bedeutsam für die positive Entwicklung eines Kindes sind elterliche Wärme, Fürsorge und Nähe.

Was die spätere Anpassung des Kindes betrifft, so stehen auch hier nicht so sehr bestimmte Eigenschaften von Vätern im Vordergrund oder wie viel Zeit diese mit ihren Kindern verbringen. Entscheidender für eine gesunde psychische Entwicklung des Kindes ist die

---

[28] vgl. ebd.
[29] vgl. Laucht (2003)

Qualität der Beziehung zwischen Vater und Kind. Söhne, die eine vertrauensvolle, feinfühlige und unterstützende Beziehung zum Vater aufbauen, zeigen eine günstigere Entwicklung als Kinder, bei denen das nicht der Fall ist. Es genügt allerdings nicht, den Fokus nur auf die Qualität der Vater-Sohn-Beziehung zu richten. Wichtig ist es, das Familiensystem in seiner Ganzheit zu betrachten, denn eine gut funktionierende Paarbeziehung begünstigt und fördert eine vertrauensvolle Vater-Sohn-Beziehung.

Vom gesamtgesellschaftlichen Standpunkt betrachtet müsste nach Aigner eine Zusammenlebens-Kultur geschaffen werden, die mehr Nähe zwischen Vätern und Söhnen ermöglicht und fördert, um die Vatermisere zu verbessern. Laut Aigner sollte es mehr Engagement für die Fürsorge der Kinder durch Männer auch in der öffentlichen Erziehung geben, z.B. durch mehr männliche Erzieher im Kindergarten. Auch richtet er einen Appell an die Wirtschaft und die Politik, eine flexiblere Verteilung von Erwerbs- und Erziehungsarbeit für Männer zu schaffen. Schließlich sollte es mehr Beratungsangebote und Anlaufstellen für Väter in Erziehungsfragen geben.[30]

---

[30] vgl. Aigner (2005)

Literaturverzeichnis

AIGNER, J.C. (2005): Vatersehnsucht. Zur Bedeutung des Vaters für die kindliche Entwicklung. In: H. Krall (Hrsg.), *Jungen- und Männerarbeit* (S.94-104). Wiesbaden.

ALBERTS-CORUSH, J. (1986): Attention and impulsivity characteristics of the biological and adoptive parents of hyperactive and normal control children. *American Journal of Orthopsychiatry* (56), S.413-423.

BACHER, J./ **WILK**, L. (2000): Neue Väter? -… nur dann, wenn es unbedingt sein muss … In: H. Walter (Hrsg.), *Männer als Väter*. Konstanz: Universitätsverlag.

BUSCH, G./ **HESS-DIEBÄCKER**, D./ **STEINHILBERS**, M. (1988): *Den Männern die Hälfte der Familie, den Frauen mehr Chancen im Beruf.* Weinheim: Deutscher Studienverlag.

FTHENAKIS, W. E. (1984): Die Vaterrolle in der neueren Familienforschung. *Psychologie in Erziehung und Unterricht* (31), S.1-21.

LAUCHT, M. (2003): Die Rolle der Väter in der Entwicklungspsychopathologie. *Zeitschrift für Klinische Psychologie und Psychotherapie* (32), S.235-242.

PHARES, V./ **COMPAS**, B.E. (1992): The role of fathers in child and adolescent psychopathology: Make room for daddy. Psychological Bulletin (111), S.387-412.

PLECK, J. H. (1997): Paternal involvement: Levels, sources, and consequences. In: M.E. Lamb (Hrsg.), The role of the father in child development (3), S. 66-103. New York: Wiley.

RUTTER, M. (1990): Psychosocial resilience and protective mechanisms. In: J. Rolf, A. S. Masten/ D. Cicchetti/ K. H. Nuechterlein/ S. Weintraub (Hrsg.), *Risk and protective factors in the development of psychopathology*, S. 181-214. Cambridge, UK: Cambridge University Press.

SCHMIDT-DENTER, U. (1984): Die soziale Umwelt des Kindes. Eine ökopsychologische Analyse. Berlin: Springer.